AF460361

9 avril 1861

# NOTICE

D'UNE NOMBREUSE SÉRIE

# D'ESTAMPES

## DE PORTRAITS

ET DE

## LIVRES ANCIENS & MODERNES

Composant les Collections de feu **M. P.-M. HOART**

DONT LA VENTE AURA LIEU

Le Mardi 9 Avril prochain et les deux jours suivants

en son domicile

RUE RIBOUTÉ, N° 8

(PRÈS LES RUES BLEUE, PAPILLON ET DU FAUBOURG-POISSONNIÈRE)

à 1 heure de relevée précise

Par le ministère de Mᵉ **SEIGNEUR**, Commissaire-Priseur,
rue Favart, 6.

Les Collections d'Estampes seront vendues par séries, et la plupart des Livres et brochures par lots que le temps n'a pas permis de cataloguer.

LA PRÉSENTE NOTICE SE DISTRIBUE :

A LA LIBRAIRIE J. TECHENER,

RUE DE L'ARBRE-SEC, 52,

Près la Colonnade du Louvre.

1861

IMP. RENOU ET MAULDE.

# NOTICE

D'UNE NOMBREUSE SÉRIE

# D'ESTAMPES

## DE PORTRAITS

ET DE

## LIVRES ANCIENS & MODERNES

Composant les Collections de feu **M. P.-M. HOART**

DONT LA VENTE AURA LIEU

Le Mardi 9 Avril prochain et les deux jours suivants

en son domicile

RUE RIBOUTÉ, N° 2

(PRÈS LES RUES BLEUE, PAPILLON ET DU FAUBOURG-POISSONNIÈRE)

---

Par le ministère de M^e **SEIGNEUR**, Commissaire-Priseur,
rue Favart, 6.

> Les Collections d'Estampes seront vendues par séries, et la plupart des Livres et brochures par lots que le temps n'a pas permis de cataloguer.

LA PRÉSENTE NOTICE SE DISTRIBUE :

A LA LIBRAIRIE J. TECHENER,

RUE DE L'ARBRE-SEC, 52,

Près la Colonnade du Louvre.

1861

Yd 1/8° (9 avril 1861)
(2e ex annoté diff.)

## CONDITIONS DE LA VENTE

Elle sera faite au comptant.

Les acquéreurs paieront, en sus des adjudications, CINQ pour cent applicables aux frais.

CATALOGUE

# DE LIVRES

ET

# ESTAMPES

## 1° ESTAMPES

1. **Anciens amateurs** et connaisseurs d'estampes qui en ont formé des collections remarquables; notices et portr. 18.

2. **Anciennes gravures** du XVIe siècle. 15 estampes environ.

3. **Angelica Kauffmann**. 10 estampes d'après ses tableaux.

4. **Antiquaires et auteurs** d'ouvrages sur les antiquités, l'archéologie et les médailles. 100 portraits environ.

5. **Antiquités d'Athènes**. 20 estampes.

6. **Archéologie artistique**. 30 pièces environ.

7. **Architecture et ornements**. 20 pièces environ.

8. **Assassinats, crimes et empoisonnements**. Estampes et portraits.

9. **Bellangé, Raffet**. Portraits et lithographies d'après leurs dessins. 30 pièces environ.

10. **Belle suite de portraits** gravés à la pointe sèche par Dutertre; épreuves sur papier de Chine pour la plupart. 57 pièces.

11. **Boileau**. 20 portraits.

12. **Bossuet, Bourdaloue, Massillon** et autres prédicateurs. 22 portraits.

13. **Charlet.** Notices, portraits et lithographies. 50 pièces environ.

14. **Chasse et pêche**. 50 estampes environ, anglaises et françaises.

15. **Chevaux, courses, manéges**. 40 estampes anglaises et françaises.

16. **Chevaux, courses, manéges.** 40 estampes environ, anglaises.

17. **Collection** importante de 20 dessins, études académiques, aux crayons noir et rouge, d'une exécution remarquable, format très-grand, in-fol.

18. **Collection** importante de portraits gravés par Nanteuil, Edelinck, Boulanger, Drevet, Lombard, Audran, Ballechou, Van Schuppen, Chéreau et autres. 50 pièces environ.

19. **Comédie-Française**. Théâtre-Français; acteurs, actrices; scènes, vue de la Comédie-Française; portraits de tous genres, la plupart lithographiés, fac simile de leur écriture, etc. Réunion intéressante : on y remarque, parmi les portraits, ceux de Mlles Clairon, Duchesnois, George, Rachel, Paradol, Le Kain, Talma, Mlles Mars, Plessy, Mmes Doze, Brohan, Allan, etc. 100 pièces environ.

20. **Corneille**. 15 portraits.

21. **Costumes militaires**, par Karl Vernet, Victor Adam et autres, la plupart coloriés. 50 pièces environ.

22. **Costumes**, modes. 20 pièces.

23. **Decamps**. Notice, portraits et estampes d'après ses tableaux. 30 pièces environ.

221



24. **Dossier relatif à M. Dumersan**, conservateur au cabinet des médailles à la Bibliothèque Impériale et auteur dramatique.

25. **Dossier relatif à M. Vivant Denon**, membre de l'Institut. Notices, estampes et portr.

26. **Eaux-fortes** et estampes non terminées. 25 pièces environ.

27. **École anglaise**, estampes diverses. 40 pièces environ.

28. **École française** contemporaine. 200 estampes et lithographies environ.

29. **Égypte.** 50 estampes d'antiquités, portraits, vues, etc.

30. **Estampes** d'après les tableaux de la galerie du Palais-Royal, gravées par Tardieu et autres. 20 pièces environ.

31. **Estampes** d'après les tableaux des grands maîtres.

32. **Estampes diverses** relatives à l'histoire d'Angleterre; portr. de Marie Stuart, d'Anne Boleyn. 40 pièces environ.

33. **Estampes modernes** d'après les tableaux.

34. **Estampes relatives aux beaux-arts,** académies, instituts, etc. 20 pièces.

35. **Estampes relatives** à l'histoire ancienne.

36. **Estampes sur Paris**, anciennes et modernes. 100 p. environ.

37. **Étude du dessin.** 30 estampes par Bartolozzi et autres.

38. **Famille de Bourbon.** Collection curieuse de portraits et d'estampes gravés et lithographiés. 50 pièces environ.

39. **Femmes célèbres** et types gracieux anglais. 30 pièces.

40. **Femmes peintres.** 15 pièces environ.

41. **Frontispices de livres et titres gravés**, 30 pièces environ.

42. **Henri Monnier**. Portraits, lithographies, caricatures d'après ses dessins. (Curieuse réunion.) 30 pièces environ.

43. **Herculanum et Pompéï**. 40 estampes environ.

44. **Histoire de France**. (Portraits et estampes relatifs à l') 50 pièces environ.

45. **Hommes de lettres contemporains**. 100 pièces environ.

46. **Hommes de lettres** de la fin du XIX^e^ siècle. 50 pièces environ.

47. **Hommes illustres** du règne de Louis XIV. 30 portraits environ.

48. **Hommes politiques contemporains**. 100 portraits environ.

49. **Gastronomes**, chansonniers, bons vivants. 35 pièces.

50. **Géricault**. Portraits et lithographies d'après ses tableaux. Karl Vernet et Horace Vernet. 30 pièces environ.

51. **Graveurs anciens et modernes**. 40 portraits environ.

52. **Iconographie grecque et romaine**, pl. gravées par Forster et autres sur papier de Chine, avant la lettre et eaux-fortes. 65 planches, épreuves choisies, extraites de cet ouvrage.

53. **Lafontaine**. 10 portraits.

54. **Littérateurs** et auteurs dramatiques anglais, dont plusieurs portraits de Shakspeare. Ensemble 55 pièces.

55. **Louis David, Léopold Robert, Michalon**. 3 dossiers, portraits, notices et estampes relatives à leurs œuvres.

56. **Louis-Philippe I**[er] et les princes de la famille royale. Portraits et estampes. (Curieuse réunion.)

57. **Maréchaux et généraux** depuis la révolution de 1789 jusqu'à nos jours. 50 pièces environ.

58. **Médecins et chirurgiens** anciens et modernes, français et étrangers. 130 pièces. *(Très-curieuse réunion.)*

59. **Médecins et chirurgiens**. 10 portraits anciens.

60. **Molière**. Portraits, estampes, notices, fac-simile, figures, médailles. 110 pièces. (Curieuse réunion.)

61. **Monuments et antiquités** remarquables de l'Italie.

62. **Mœurs et costumes** des Russes. 30 planches.

63. **Mœurs, usages, costumes et caricatures**; carton contenant 180 pièces, plusieurs par Gavarni coloriées et quelques-unes anciennes.

64. **Musiciens et compositeurs anciens et modernes**. 200 portraits environ.

65. **Nombreuse et importante** collection de portraits, estampes et lithographies relatifs à Napoléon Ier et sa famille, et aux principaux événements de son règne. 400 pièces. (Sera divisé.)

66. **Numismatique.** Médailles et monnaies. 110 estampes.

67. **Œuvres de Boileau**. 8 figures avant la lettre, gravées par Manceau en 1820.

68. **Papes, cardinaux, archevèques,** ecclésiastiques célèbres, jésuites, jansénistes, etc., etc. 80 portraits.

69. **Papyrus, hiéroglyphes**, inscriptions, médailles, portraits d'empereurs romains, etc. 90 pièces.

70. **Peintres, sculpteurs,** graveurs et architectes. Portraits anciens et plusieurs modernes, dont la suite des portraits dessinés par Jeanron. 140 portraits.

71. **Peintres ou artistes** contemporains. 100 pièces environ.

72. **Personnages illustres de l'Angleterre**. 75 portraits.

73. **Personnages illustres de l'Italie**. 20 pièces.

74. **Personnages illustres des Pays-Bas.** Très-curieuse collection de portraits anciens. 50 pièces environ.

75. **Planches des galeries de Versailles** publiées par Gavard. 30 planches environ.

76. **Portraits, d'après Devéria,** de femmes du règne de Louis XIV. 15 portraits.

77. **Portraits d'artistes dramatiques de l'Opéra français**, de l'Opéra italien, de l'Opéra-Comique. 300 pièces environ. (Sera divisé.)

78. **Portraits de centenaires et vieillards fort âgés.** 30 pièces.

79. **Portraits de faux dieux et déesses de l'ancien paganisme.** 54 pièces de la *Chronologie collée.*

80. **Portraits de femmes illustres du règne de Louis XIV.** 40 pièces environ.

81. **Portraits de femmes célèbres,** depuis Louis XV jusqu'à nos jours. 50 pièces environ.

82. **Portraits de papes** et cardinaux illustres.

83. **Portraits de peintres anciens.** Lot important. 200 pièces environ.

84. **Portraits de peintres et de graveurs anglais.** 40 pièces environ.

85. **Portraits divers gravés sous Louis XV et Louis XVI.**

86. **Portraits relatifs au collége de Sainte-Barbe** 20 pièces.

87. **Provinces, villes et châteaux de France**. 145 estampes, tant anciennes que modernes.

88. **Quinze estampes gravées,** d'après Smirke et autres, pour la galerie de Shakspeare, publiées par Boydell, format grand in-fol. Belles épreuves.

89. **Racine**. 20 portraits.

90. **Révolution française,** portraits et estampes. 50 pièces environ.

91. **Roses et fleurs, par Redouté** et autres. 50 estampes noires et coloriées.

92. **Ruines et monuments d'antiquité**. 50 pièces environ.

93. **Russie et Pologne;** portraits, vues et costumes. 20 pièces.

94. **Savants et membres de l'Institut**. 60 portraits environ.

95. **Sculpteurs, statuaires**. 100 estampes et portraits environ.

96. **Sébastien Leclerc, La Bella et Callot**. 3 dossiers; estampes et notes.

97. **Suisse**. Portraits des hommes illustres et diverses vues. 110 estampes.

98. **Sujets gracieux et galants**. 75 pièces.

99. **Sujets lithographiés,** fantaisies et compositions diverses. 100 pièces environ.

100. **Sujets religieux**. 130 estampes diverses.

101. **Sujets religieux**. 50 estampes environ anciennes et modernes.

102. **Sur la mort** et sujets analogues. 100 estampes.

103. **Théâtres, acteurs, chanteurs,** danseurs, vues de décorations diverses. 100 pièces environ.

104. **Théâtre-Français**. Portraits d'auteurs dont les pièces ont été ou sont jouées à ce théâtre, tant anciens que modernes. 100 pièces environ.

105. **Vaches, moutons et animaux,** d'après P. Potter et autres.

106. **Voltaire**. 15 portraits.

107. **Vues des sites** les plus célèbres de la Grèce antique, par Théodore Aligny. 10 planches.

# ESTAMPES ENCADRÉES

108. **Aken**. *The Sporting sweep*. Estampe en couleur.

109. **Audran**. Molière, d'après Mignard.

110. **Basan**. Le vieux Conteur de menteries, d'après Teniers.

111. **Bataille d'Austerlitz**, d'après Gérard. Épreuve avant toute lettre et les noms de graveurs.

112. **Beauvarlet**. Molière, d'après Séb. Bourdon.

113. **Calamatta**. Portrait de M. Raoul Rochette.

114. **Coup d'œil exact** *de l'arrangement des peintures au salon du Louvre en* 1785. Estampe curieuse et rare.

115. **Desnoyers** (Auguste-Boucher). Bélisaire, d'après Gérard. Belle épreuve.

116. **Dessin satirique** et allégorique relatif à la Restauration en 1815, à l'encre de Chine.

117. **Deux Frontons** de la place Royale, à Bordeaux, gravés par Fessard.

118. **Deux Paysages**, d'après Claude le Lorrain, gravés l'un par Browne, en 1779, et l'autre par Wilson Loury. Belles épreuves avant toutes lettres.

119. **Drevet**. Portrait de N. Boileau-Despréaux, d'après de Troy.

120. **Drevet**. Portrait de Robert de Cotte, d'après Hyacinthe Rigaud. Belle épreuve.

121. **Duflos**. Déménagement d'un peintre, d'après Jeaurat.

122. **Dupont** (H.). Portrait de Karl Vernet, d'après P. Delaroche.

123. **Édelinck**. Portrait de Molière (des Hommes illustres de Perrault).

124. **Festin de Balthazar** en faveur de sa naissance, gravé à l'eau-forte par Duplessis-Berteaux, d'après le tableau qui est à Rome.

125. **V. Green.** Articles d'union présentés par les commissaires à la reine Anne en 1706. Estampe en largeur à la manière noire.

126. **Goulu.** Henri IV en pied, d'après Porbus.

127. **Jazet.** Intérieur d'un atelier, d'après Horace Vernet.

128. **Jazet.** Portrait en pied de Louis David.

129. **Johannot.** Le Trompette, d'après Horace Vernet.

130. **Larmessin.** La Vieillesse, d'après Lancret.

131. **Lecomte.** Le Chien du régiment, d'après Horace Vernet.

132. **Lempereur.** Le Triomphe de Silène, d'après C. Vanloo. Belle épreuve.

133. **Léonard Gaultier.** Le Jugement dernier, d'après Michel-Ange.

134. **Longhi.** Portrait de Napoléon. Épreuve avant la lettre.

135. **Martini.** Exposition au salon du Louvre en 1787. Bonne épreuve.

136. **Massard** (Raph. Urbain). Homère, d'après Gérard. Belle épreuve.

137. **Massard.** Médaillon de Napoléon, empereur, d'après Bouillon. Épreuve avant la lettre.

138. **Naufrage de MM. de Laborde** sur les canots de Lapeyrouse, au Port des Français dans la Californie. Grande estampe en largeur.

139. **Picchianti.** Portrait du pape Léon X, d'après Raphaël, épreuve avant la lettre.

140. **Pigeot.** Les Sabines, d'après David. Bonaparte à Jaffa, d'après Gros. Deux pendants.

141. **Prévost** (Z.). La Vengeance, d'après Léopold Robert. Épreuve avant toute lettre, signée du graveur.

142. **Raimbach.** *Blind man's Buff*, d'après le tableau de Dav. Wilkie.

143. **Raimbach.** *The rent day*, d'après Wilkie. Pendant du précédent.

144. **Reynolds.** Une Dame anglaise et une Dame allemande, d'après Th. Lawrence. Deux estampes formant pendant.

145. **La rue Quinquempoix** en 1720, par Humblot.

146. **Sébastien Leclerc.** Distribution des pains.

147. **Sébastien Leclerc.** L'Entrée d'Alexandre dans Babylone. — L'Académie des Sciences et des Beaux-Arts. Deux pendants.

148. **Tardieu.** Sainte Geneviève, patronne de Paris. Bonne épreuve.

149. **Toussaint Caron.** La Famille indigente, d'après Prud'hon.

150. **Turner.** *Hébé*, d'après Huet Villiers. Grande estampe en couleur.

151. **Van Schuppen.** Colbert, d'après Charles Lebrun.

152. **Vue du Temple** de Saint-François de Paule, élevé à Naples par ordre de Ferdinand Ier, d'après Bianchi. 1824.

153. **Woolett.** *Shooting*, d'après Geo. Stubbs. 4 estampes anglaises formant pendants.

# LIVRES

154. Abrégé chronologique de l'Histoire de France, orné d'une belle collection de portraits. *Paris*, 1752 ; 2 vol. in-4, veau racine.

155. Annales du Musée et de l'Ecole moderne, par P. Landon. *Paris*, 1808 ; 18 vol. in-8, d.-rel., fig.

156. Antiquités gauloises et romaines, par C.-M. Grivaud, avec un recueil de planches in-fol., coloriées. *Paris*, 1807 ; br.

157. Archœologia or miscellaneous tracts. Relating to antiquity published by the society of antiquaries of London. 1824 ; in-4 cart., fig.

158. Atlas numismatique de l'histoire ancienne, par Benjamin Green. *Paris*, 1829 ; in-fol. cart.

159. Bibliothèque dramatique de M. de Soleinne, catalogue rédigé par M. Paul Lacroix. *Paris*, *Téchener*, 1844 ; 5 parties, br. (*Exemp. incomplet.*)

160. Biographie universelle des contemporains, depuis 1788 jusqu'à nos jours, publiée par Rabbe, de Boisjolin et Sainte-Beuve. *Paris*, 1836 ; 5 vol. in-8, d.-rel.

161. Canova et ses ouvrages, par Quatremère de Quincy. *Paris*, 1834 ; in-8 cart., port.

162. Catalogue du cabinet de M. Paignon-Dijonval, rédigé par M. Benard. *Paris*, 1810 ; in-4 br., port.

163. Catalogue des médailles antiques et modernes de M. d'Ennery, par l'abbé Campion de Tersan. *Paris*, 1788 ; in-4 br. avec celui des livres in-8.

164. Les Césars de l'empereur Julien, traduits par de Spanheim. *Amsterdam*, 1728 ; in-4, v. br. (*Armes de Daguesseau.*)

165. Les Chants de Tyrtée et de Callinus, traduit en vers, par Firmin Didot. *Paris*, 1827 ; in-fol., cart.

166. Clovis, ou la France chrestienne, poëme héroïque, par I. Desmarests. *Paris*, 1657 ; in-4, v. br., front. et fig.

167. Concours décennal, ou Collection gravée des ouvrages de peinture, sculpture, architecture et médailles mentionnées dans le rapport de l'Institut. *Paris*, 1812 ; in-fol., d.-rel. mar. vert, fig. (*Bonnes épreuves.*)

168. Contes et nouvelles de M. de La Fontaine. *Amsterdam*, 1736; 2 vol. in-12, v. granit, figures.

169. Découvertes dans la Troade, extrait des Mémoires de A. Mauduit. 1840; in-4, d.-rel.

170. Description des cérémonies et des fêtes qui ont eu lieu pour le mariage de S. M. l'empereur Napoléon, par Ch. Percier et P. Fontaine. *Paris*, 1810 ; gr. in-fol. pl., cart , figures aux traits.

171. Description des monuments des différents âges, observés dans le département de la Haute-Vienne, par C. Allou. *Limoges*, 1821 ; in-4 br.

172. Description des principales pierres gravées du cabinet de M. le duc d'Orléans. *Paris*, 1800 ; 2 vol. in-fol. cart., fig.

173. Designs by M. R. Beutley for six poems by M. T. Fray. *London*, 1753 ; in-fol. v. f., dent.

174. Dictionarium antiquitatum romanorum et græcorum collegit Petrus Danetius academicus. *Lutetiæ*, 1698 ; in-4, v. marb.

175. Dictionary of Painters (Mémoires sur les principaux peintres), par Pelkington. *London*, 1824 ; 2 vol. in-8, d.-rel.

176. Dictionnaire des antiquités romaines, ou Explications abrégées des cérémonies, coutumes, etc., ouvrage traduit du grand Dictionnaire de Samuel Pitiscus. *Paris*, 1765 , 2 vol. in-8, v. marb.

177. Dictionnaire des Beaux-Arts, par A.-L. Millin. *Paris, Crapelet*, 1806 ; 6 t. en 3 vol. in-8, d.-rel.

178. Dictionnaire des dates, ou les Tables de l'histoire, publié sous la direction de M. A.-L. d'Harmonville. *Paris*, 1842 ; 2 vol. pet. in-4, br.

179. Dictionnaire étymologique de la langue française, par de Roquefort. *Paris*, 1829 ; 2 vol. in-8, d.-rel.

180. Dictionnaire des graveurs anciens et modernes, par F. Basan. *Paris*, 1789 ; 2 vol. in-8, v. f., fig.

181. Dictionnaire de monogrammes, chiffres, lettres initiales et marques figurées par François Brulliot. *Munich*, 1817 ; in-4 br.

182. Discours sur les monuments publics, par l'abbé de Lubersac. *Paris*, 1775 ; in-fol., v. marb. pl.

183. Essai sur les ordres d'architecture, par Pierre de La Roche. *Londres*, 1769 ; in-4, v. br.

184. Etudes historiques et critiques sur les médecins numismatistes, par le docteur Léop. Renauldin. *Paris*, 1851 ; in-8 br., port.

185. Galerie française, ou Collection de portraits des hommes et des femmes qui ont illustré la France dans les XVI^e^ XVII^e^ et XVIII^e^ siècles. *Paris*, 1821 ; 3 gr. vol. in-4, d.-rel., fig.

186. Galerie historique des illustres Germains, depuis Arminius jusqu'à nos jours, avec leurs portraits et des gravures. *Paris*, 1806 ; in-fol. cart.

187. La Germanie, traduite de Tacite, par C.-L. Panckoucke. *Paris*, 1824 ; ensemble, 2 vol., texte et atlas in-4, d.-rel.

188. Gros et ses ouvrages, par J.-B. Delestre. *Paris*, 1845 ; in-8 br.

189. Histoire de l'art de l'antiquité, par M. Winkelman, traduit par M. Huber. *Leipzig*, 1781 ; 3 vol. in-4, d.-rel., fig.

190. Histoire de France sous les quatre dynasties royales et impériales, ornée d'une collection précieuse de portraits. *Paris*, 1805 ; in-8, v. racine.

191. Histoire des peintres français au XIXe siècle, par Charles Blanc. *Paris*, 1845 ; in-8 br.

192. Histoire du roy Louis-le-Grand, par les médailles, emblêmes, inscriptions, etc., recueillis et expliqués par le Père Claude-François Ménestrier, de la compagnie de Jésus. *Paris*, 1691 ; in-fol., v. br.

193. Histoire de Michel-Ange, par Quatremère de Quincy. *Paris*, 1835, in-8 br., port. — Histoire de Van Hasselt. *Bruxelles* ; in-8, port.

194. Histoire de la vie et des ouvrages de Raphaël, par Quatremère de Quincy. *Paris*, 1824 ; in-8 cart., portraits.

195. The historic gallery of portraits and Paintings or Biographical Beview. *London*, 1807; 7 vol. in-8, d.-rel.

196. An illustrated Record of important Events in the Annals of Europe. *London*, 1816 ; pl. col., in-fol. cart.

197. Journal of a Residence in América by Frances Anne Buttler (Mis Fanny Kemble). *Paris*, 1835 ; in-8, d.-rel. (*Exempl. de la Csse de Neuilly.*)

198. Liste générale et alphabétique des portraits gravés, des Français et Françaises illustres, jusqu'en 1775. *Paris, Debure*, 1809 ; in-fol., cart.

199. Londres et ses édifices, avec un précis historique, par Barjaud et Landon. *Paris*, 1810 ; in-8, d.-rel.

200. Médailles du cabinet de la reine Christine, par le célèbre Pietro Santes Bartolo, traduit par Sigebert Havescamps. *La Haye*, 1742 ; in-fol., v. marb., plan.

201. Le Médailler de Pologne, par le comte Baczinski. *Breslau*, 1838; in-4 cart., planches.

202. Médailles du règne de Louis XV; in-4, v. br.

283. Mémoires de la vie de Jacques-Auguste de Thou. *Rotterdam*, 1711; in-4, m. br., port.

204. Memoirs relating to European and Asiatic Turkey by Robert Walpole. *London*, 1818; 2 vol. in-4 cart., planches.

205. Monumenta Paderbonensia ex historia romana, francica, saxonica. *Amstelodami*, 1672; in-4, m. br., planches.

206. Monuments de la Normandie, publiés par F.-T. de Jolimont. *Paris*, 1820; in-fol. cart., fig.

207. Muséum de Florence, ou Collection de médailles gravées (pierres antiques) par David, avec notes. *Paris*, 1787; 3 vol. in-4 br., pl.

208. Napoleonide de Stefano Egidio Petronij. *Napoli*, 1809; in-4, d.-rel. m. r.

209. Nices et ses environs, ou 20 Vues dessinées par A..... de L. *Paris*, 1814; in-fol. obl., br.

210. Notice sur Jeanne d'Arc, par MM. Michaud et Poujoulat. 1837.— (Dans le même volume) Jeanne d'Arc à Rouen, tragédie en cinq actes, par J.-L. d'Avigny, 1819; 1 vol. in-8, d.-rel., fig. —Plus, Jeanne d'Arc, panégyrique par Mgr Gilles; br. in-8, 12 port. et estampes.

211. Numismata imperatorum romanorum prœstantiora a Julis Cæsar ad postumum et tyrannos per Joannem Vaillant. *Paris*, 1692; 2 vol. in-4, v. brun.

212. Numismata antiqua ex museo Petri Seguini. *Lutetiæ*, 1674; in-4, v. br.

213. Numismata Scotia ora series of the scottish coinage from the reign of William the Lion to the union. By Adam de Cardonnel. *Edinburgh*, 1786; in-fol., v. granit.

214. Osservazioni istoriche sopra alcuni medaglioni, antichi. *Roma*, 1698; in-4, v. brun, planches.

215. Œuvres complètes d'Antoine-Raphaël Mengh. *Paris*, 1786; 2 t. en 1 vol., in-4, port.

216. Œuvres de Boileau, avec des notes historiques et littéraires, par Berriat-Saint-Prix. *Paris*, 1830; 4 vol. in-8, v. marbré, portr.

217. Œuvres de Boileau, 1740; 2 vol. in-4, fig. et portr.

218. Œuvres complètes de Voltaire. *Paris*, *Baudouin*, 1828; 70 vol. in 8, br., portr.

219. Œuvres posthumes de Girodet-Trioson, précédées d'une notice, par A. Coupin. *Paris*, 1829; 2 vol. in-8, dem.-rel., figures au trait.

220. Le Parnasse Français, par Titon du Tillet. *Paris*, 1732; in-fol., v. marbr., fil., fig.

221. Paul et Virginie, par J.-H. Bernardin de Saint-Pierre, *Paris*, 1806; gr. in-fol., portr. et fig. d'après Prud'hon, dem.-rel.

222. Portraits des hommes illustres des XVII^e^ et XVIII^e^ siècles, avec une notice de chacun d'eux, par Ch. Perrault. *Paris*, 1805; 2 t. en 1 vol. in fol., cart.

223. Les principales aventures de Don Quichotte, représentées en figures. *Liège*, 1776; pet. in-fol., dem.-rel.

224. Rafaelle Loggie del Vaticano; in-fol. obl., cart., portr. ajouté.

225. Recueil des combats de Jean Bart, suivi de l'Abrégé de sa vie. *Paris*, 1806; in-fol. obl., dem.-rel., portr.

226. Recueil orné de gravures, de relations des événements importants dans les annales de l'Europe pendant les quatre dernières années. *Londres*, 1816; in-fol., d.-rel., 27 planches.

227. Relation du second voyage fait à la recherche d'un passage au nord-ouest par sir John Ross, traduit par Defauconpret. *Paris*, 1835 ; 2 vol. in-8, br., portr.

228. Revue chronologique de l'histoire de France, 1787-1811. *Paris*, 1823; in-8, d.-rel.

229. La Science du bonhomme Richard, par Benjamin Franklin. *Paris*, 1827; in-fol., cart., portr.

230. Selecta numismata antiqua ex museo Petri Seguini. *Paris*, 1684 ; in-4, m. brun.

231. Sur la valeur des monnaies anciennes, par Garnier et Letronne, et autres; ensemble 5 brochures in-4.

232. Thesaurus numismatum e museo doctoris Caroli Patini. *Paris*, 1672; in-4, v. br., portr. (*Armes*).

233. Traité de perspective faict par un peintre de l'Académie royale. *Paris*, 1657 ; in-fol., cart., planches.

234. Traité élémentaire de la peinture, par Léonard de Vinci, avec 58 fig. *Paris*, 1803 ; in-8, v. racine.

235. Travels in various countries of Europe, Asia and Africa, by Edward Daniel Clarke. *London*, 1811 ; in-4, cart., fig.

236. A Treatise on the coins of the Realm in a letter to the King, by Charles Earl of Liverpool. *Oxfort*, 1705 ; in-4, cart.

237. Trésor de numismatique et de glyptique, publié sous la direction de Paul Delaroche, etc. (*Médailles*.) *Paris*, 1836 ; in-fol., cart.

238. Vie de M. le comte de Caylus, suivie du recueil des planches gravées par lui ; in-fol., br., portr.

239. Vie de Nicolas Poussin, par Gault de Saint-Germain. Gr. in-8, cart., portr.

240. Vie politique et militaire de Napoléon, par A. Arnault. *Paris*, 1822; 2 vol. gr. in-fol., d.-rel., fig. (*Bel exemplaire*).

241. Le Vieux Paris, d'après les dessins de A. Pernot, lithographiés par Nouveaux et Asselineau, texte. *Paris*, 1838-1839; in-fol., d.-rel.

242. Visconti et Mongès; iconographie grecque et romaine. 7 vol. in-4 et atlas in-fol., cart.

243. Voyage à l'île de France, par Milbert. 2 vol. in-8 et atlas.

244. Voyage dans la Macédoine, par M. E. Cousinery. *Paris, Imprimerie royale 1831*. 2 vol. in-4, br., planches.

245. Voyage d'Egypte et de Nubie, par Frédéric-Louis Norden. *Paris*, 1795; 2 vol. in-fol. cart., fig.

246. Voyage d'un Iconophile, par Duchesne aîné. *Paris*, 1834; in-8, br.

247. Voyage de la Troade fait dans les années 1785 et 1786, par J.-B. Lechevalier. 3 vol. in-8, v. m. avec un atlas in-fol., cart.

248. Vues pittoresques de l'Écosse dessinées d'après nature, par F.-A. Pernot. Texte explicatif, extrait en grande partie des ouvrages de sir Walter Scott, par A. Pichot. *Bruxelles*, 1827; in-fol., d.-rel.

249. Vues de Rome dessinées et gravées par Baltard, architecte, peintre, etc., in-fol., cart.

250. The Works of Virgil : containing his Pastorals Georgics and OEneis transtated, by M. Dryden. *London*, 1697; in-fol., v. marbr., figures.

251. The Young Artist's companion, by David Cox. *London*, 1825; in-4 obl., d.-rel., dor. et coin., mar. violet, planches noires et coloriées.

---

Quantité de livres sur toutes les matières seront vendus par lots, après la Notice.

Renou et Maulde, imprimeurs de la Compagnie des Commissaires-Priseurs,
rue de Rivoli, 144. 1812

www.ingramcontent.com/pod-product-compliance
Ingram Content Group UK Ltd.
Pitfield, Milton Keynes, MK11 3LW, UK
UKHW020228180726
13838UKWH00005B/2258